常州博物馆

5○周年·典藏丛书

文物出版社

主　编　陈丽华

副主编　钱　潮

　　　　　黄建康

　　　　　林　健

　　　　　唐星良

　　　　　邵建伟

执　笔　朱　敏

　　　　　左树成

　　　　　李　威

　　　　　谭杨吉

　　　　　程　霞

序 言

常州，地处富饶美丽的长江三角洲，是一座具有悠久历史的江南文化名城。

自春秋末吴国季札受封于延陵至今，常州有文字记载的历史已达2500余年。西晋以来，一直是郡、州、府的治所。清代常州府辖八县，故有"中吴要辅、八邑名都"的美誉。常州历代经济发达，科举鼎盛，文化昌盛，名家辈出。特别在清代，涌现了具有全国影响的五大学派：常州画派、常州词派、常州学派、阳湖文派、孟河医派。清代著名思想家龚自珍赞叹常州为"天下名士有部落，东南无与常匹俦"。

常州博物馆创建于1958年，在社会各界人士的支持下，历50个春秋岁月，经几代博物馆人的共同努力，现已发展为一座具备一定规模的地方历史综合性博物馆（含江苏省唯一的一家少儿自然博物馆）。目前馆藏文物2万余件，以良渚文化玉器、春秋原始青瓷器、宋元漆器和明清书画为收藏特色，其中南宋戗金漆奁、宋代影青观音坐像等文物弥足珍贵。

建馆50年来，曾三易馆址。建馆初期，馆址设在红梅公园内的红梅阁，后迁至天宁寺，1983年9月又迁至清凉寺，工作条件十分简陋。为了常州博物馆事业的发展，几代文博工作者艰苦奋斗，征集文物、考古发掘、制作标本、陈列展览、科学研究，取得了可喜的成果，激励着当代文博工作者奋发向前。可以说，常州博物馆的全体人员以崇尚事业、不懈努力、勇于奉献、敢于创新的精神走过了不平凡的、有作为的50年。

常州博物馆新馆于2007年4月28日在常州市委、市政府的关心和支持下全面落成开放。新馆外观新颖、设施齐全、功能先进、富有时代气息。其中博物馆总面积为23095平方米（含共享空间、技术用房），总体建筑分为五层，地上有四层，地下有一层。地上第一至三层为陈列展览区，地下一层和地上第四层为库房和办公区域。展区面积近1万平方米，共有9个展厅，展览主要有：常州历史文化陈列——以常州古代历史为脉络，以常州文物精品为特色，彰显地方文化底蕴；自然陈列——是江苏省综合性博物馆中的特色展览，集知识性、趣味性、互动性于一体；谢稚柳艺术馆——展示谢稚柳先生的艺术生涯及艺术成就；刘国钧捐献红木家具陈列——展示稀有珍贵的晚清整套红木家具；临时展览——承接各种不同类型的展览。新馆开馆一年来，以新颖独特的外观、先进完备的设施、丰富精美的陈列、优质高效的服务迎接着四面八方的游客，受到业内同行和社会各界的认可和好评。

当常州博物馆新馆开馆周年正值50华诞之际，我们编辑出版了这套典藏丛书（5册）奉献给读者。典藏丛书集馆藏书法、绘画、瓷器、漆木·金银器、玉器·画像砖等文物精品近500件。我们编纂此书的目的是希望广大读者能领略到常州博物馆文物藏品的风采和独特魅力，以展示常州的悠久历史和地方特色，激发人们热爱祖国、热爱家乡的情怀。同样，典藏丛书的出版能更好地展示常州和谐、持续发展的独特资源优势，是增强城市文化软实力、科学发展实践和运用的体现，也是常州博物馆的全体人员对常州经济、文化发展所做出的贡献。

常州博物馆馆长 陈丽华
2008年10月

PREFACE

Changzhou lies in the beautiful and richly endowed Yangtze River Delta. It is a famous cultural city with age-long history in South China.

Since the late Spring-and-Autumn period when Ji Zha of the Wu State was enfeoffed in Yanling, the literally recorded history of Changzhou has lasted for over 2,500 years. From the Western Jin Dynasty, Changzhou was all along the seat of a prefecture or a district. In the Qing period, Changzhou Prefecture administrated eight counties, so it was praised as "an important area in the Wu land and a famous center with eight counties." For several successive dynasties Changzhou flourished economically and culturally, winning a good name in imperial examinations and brought up people of talent generation after generation. Especially in the Qing period, there appeared five nationally-influential schools, i.e. Changzhou painting school, Changzhou *ci* poetic school, Changzhou school of the Confucian classics in the Han period version, Yanghu literary school and Menghe medical school. It is completely reasonable that Gong Zizhen, a celebrated thinker of the Qing period, commended the city with admiration in his poetic sentences "People with literary reputation under heaven come largely from certain regions, yet those from Changzhou are matchless in number throughout Southeast China."

The Changzhou Museum was found in 1958. Through 50 years of development and with the joint efforts of generations of its workers and the generous support from various social circles, today it has become a considerable-scale integrated museum of regional history (including its children's museum of nature, the only one in Jiangsu Province). Its collections have exceeded 20,000 cultural relics with the Liangzhu Culture jades, the Spring-and-Autumn period proto-celadon, the Song and Yuan lacquer-ware and the Ming and Qing calligraphy and paintings as their characteristics, among which are a number of extremely valuable objects, such as the Southern Song period lacquered toilet boxes with gilt incised design, the Song period shadowy blue seated Avalokitesvara and other national-grade treasures.

In the 50-year course since the Museum's founding, it changed its site three times. In the early period it was located in the Hongmei Pavilion of Hongmei Park. From there it was moved to the Tianning Temple a little later and again to the Qingliang Temple in September 1983, but the condition of work was always rather poor. Nevertheless, for the development of the Museum's cause, generations of our antiquarian workers made steadfast and assiduous efforts and obtained gratifying achievements in cultural relics collection, archaeological excavation, exhibits preparation and organization, and scientific research, which impelled greatly our antiquaries' fervor of striving

for success. Indeed, the Changzhou Museum people went through an extraordinary yet fruitful 50-year course with the spirit of loyalty to the cause, unremittingly exerting themselves, willing to dedication and being bold in making innovations.

With care and support from the Party committee and government of Changzhou City, the Museum's new site was completed and began to open to the public on 28 April 2007. It is novel in appearance, complete in equipment, advanced in function and full of flavor of the times. It has a total area of 23,095 sq m (including the communal space and technical rooms). The whole building consists of five floors: four on the ground and one under it. The first to third floors are for exhibition, and the underground and fourth ones are storerooms and offices. The exhibition space measures approximately 10,000 sq m and comprises nine halls, which service mainly to the following subjects. 1) The exhibition of Changzhou history and culture. It is organized according to the developmental line of the city's ancient history, displays select Changzhou cultural relics and reflects the basic cultural contents of the present region. 2) The exhibition of natural environments. This is a characteristic feature of our institution as a provincial integrated museum. It combines knowledge with interest and the expression of mutual actions. 3) The Xie Zhiliu art gallery. It exhibits Mr. Xie's art career and accomplishments. 4) The exhibition of the mahogany furniture Liu Guojun presented, a complete set of rare and invaluable mahogany articles handed down from the late Qing period. 5) The organization of various exhibitions in times of need. For over a year since the opening of the new building, our Museum, with its novel and unique appearance, advanced and perfect facilities, rich and fine exhibitions and excellent and effective service, have welcomed numerous visitors from all directions and won positive remarks and favorable comments from the antiquarian and museological profession and people in all walks of life.

On the occasion of the 50th anniversary of the founding of the Changzhou Museum as well as the first anniversary of the opening of its new building, we compile and publish the present series of classic books (five volumes) for offering to readers. This series shows 440 select cultural relics collected in our Museum, which fall into the classes of calligraphy, paintings, porcelain, lacquer-, gold- and silver-ware, and jades and pictorial bricks. It is our purpose that the broad readers, through these volumes, will see and appreciate the elegant appearance and distinctive charm of the Museum-collected cultural relics, get more knowledge of Changzhou's age-long history and local characteristics, and raise their feelings of loving our motherland and hometown. Meanwhile, the publication of the series will show the harmonious and sustained development of Changzhou, as well as the superiority of its unique resources. We hope that this set of books will be helpful to strengthen the city's soft cultural force and to practicing and applying the concept of scientific development, which will be also a bit of contribution of our Changzhou Museum colleagues to the city's economic and social development.

Director of Changzhou Museum　Chen Lihua
October 2008

目　录

画像砖

目 录

目　录

前 言

...唐星良

　　我国是世界上用玉最早而且延续时间最长的国家，素有"玉石之国"的美誉。中国玉器诞生于新石器时代早期，至今已有七、八千年的历史。南方地区的河姆渡文化、马家浜文化、崧泽文化、良渚文化出上的精美玉器，成为我国新石器时代文化的代表。

　　常州地处太湖流域，在这片土地上，分布着马家浜文化、崧泽文化、良渚文化三大史前文化，它们发展脉络清晰，自成体系。常州博物馆收藏的玉器从马家浜文化、崧泽文化到良渚文化一脉相承，种类齐全，成为常州文物的一大特色。尤其是良渚玉器，有琮、璧、钺以及成串的玉项饰等，而且大件器物多，彰显深沉严谨之风。在工艺上讲求对称均衡、琢磨精致、纹饰规整。良渚玉器以浅浮雕的装饰手法见长，特别是线刻技艺，达到了玉器工艺的顶峰。最能反映良渚琢玉水平的是形式多样、数量众多而又高深莫测的玉琮和神徽图案。人们赞誉良渚文化玉器的工艺水准达到了"鬼斧神工般的超卓高度"，纹饰则是将新石器时代玉器的创作"推到了顶峰"。良渚文化玉器创造性的器形，为后代玉器的造型奠定了基础。

　　汉代玉器继往开来，奠定了中国玉文化的基本格局。本馆收藏的汉代玉器数量较多，可分为礼玉、葬玉、饰玉、陈设玉四大类。最能体现汉代玉器特色的是葬玉，葬玉是为祈求尸体不朽而制造的，主要有玉衣、九窍塞、玉琀、握玉四种，蝉形玉琀就是其中的代表。在饰玉中，玉牒是比较精致的一种器物，它由实用器转变为装饰性器物。

　　到了宋代，玉器工艺发展又有了长足的进步。宋代虽不是一个强盛的王朝，但在中国文化史上却是一个重要时期。宋、辽、金既互相挞伐又互通贸易，经济和文化交往十分密切，玉器艺术十分繁荣。宋代玉器中，实用玉占有重要地位，玉器更接近现实生活。本馆的玉器有白玉圭形器、水晶镇纸等，是代表这一时期琢玉水平

的佳作。

　　元代玉器承袭宋、金时期的艺术风格，采取起突手法，极有特色。本馆这一时期的玉器以浮雕蟠螭纹白玉带板为代表，带板上的蟠螭雕刻得生动有力，颇具元人雄健豪迈之气魄。

　　明清时期是中国玉器的鼎盛时期，其工质之美、琢工之精、器型之丰、作品之多、使用之广，都是前所未有的。本馆收藏的明清玉器千姿百态，茶酒具盛行，仿古玉器甚多，种类有透雕云龙纹玉带板、白玉龙纹带钩、双龙戏珠玉镯等。玉器与社会文化生活关系日臻密切，文人在书斋内作画、书写，往往也用玉做成洗、注、笔筒、墨床、镇纸、臂搁等文具，或以玉作陈设装饰。明清玉器的制作借鉴绘画、雕刻、工艺的表现手法，汲取传统的阳线、阴线、平凸、隐起、起突、镂空、立体、俏色、烧古等多种琢玉工艺，融会贯通，综合应用，使其作品达到了炉火纯青的艺术境界。

画像砖又称造像砖，是古代建筑物或者墓室壁面上的图像砖。画像砖上的图像是用木模或陶模在砖坯上压印而出，或者模制砖坯后，再入窑烧制而成。有的根据内容需要还施彩绘。画像砖是制砖工艺与绘画艺术完美结合的一种表现形式，是特定历史条件下的产物。

画像砖早在战国时期已开始出现，当时的建造墓室的空心砖的表面，就模印有各种人物、鸟兽、树木等图案。秦汉时期不仅流行空心砖，而且出现一砖一图案的实心画像砖。汉代画像砖的使用非常盛行，它题材广泛，内容丰富，制作技术达到较高水平。

画像砖的产地主要集中在四川省的成都平原，除四川地区，在陕西、江苏、江西、湖北、云南等地东汉墓中也有所发现。画像砖多为方形、长方形，有的墓葬全部用画像砖装饰，有的与画像石并用。画面内容与画像石大体一致又互相补充。画像砖的画面内容，生动地反映了汉代社会现实情况、风俗习惯和精神信仰。

常州地区汉代砖室墓中，也多见简单纹样的画像砖。画像砖镶嵌在砖室墓中，其上的画像位于小砖侧面，内容多为仙禽神兽、车骑、祥瑞图以及荆轲刺秦王等历史故事。画像砖艺术在三国两晋南北朝仍然存在，南京地区的东晋、南朝墓中，还用画像砖拼出大幅砖画。此外，画像砖还有佛教方面的内容。在此时期，常州金坛发现的三国东吴墓中，还出土有"永安三年"铭文墓砖。这些画像砖是研究这一时期绘画艺术和服装的重要资料。

1975年，在常州南郊茶山公社，浦前大队戚家村生产队平整土地时发现了画像砖墓。常州博物馆于1976年对其进行了发掘整理，共清理出画像砖39种，计850余块。该墓的年代为南朝晚期至初唐时期。画像砖的图像内容有男像（武士）、女像（侍女）、飞仙、龙、虎、狮子、独角有翼兽（辟邪）、双角有翼兽（天禄）、凤凰、人首鸟身、兽面鸟身、神兽、魌头、圆形莲花图

案、卷叶莲心花纹、中心莲花纹、莲草纹、忍冬花纹、圆心卷叶花卉、花苞卷叶花卉、六瓣卷叶纹、卷草纹、圆心波浪纹、梭形纹、斜方格网纹、编号数字等。砖画题材内容丰富，有人物故事类、佛道神仙类、神兽怪异类以及多种花卉图案等。图像和图纹有的在砖的平面上，有的在砖的端面或侧面上，制作方法为模印浮雕、线刻等。这批画像砖构成图像的方法多种多样，既有一砖一图，也有由数块砖面拼成一幅图像的情况。这批画像砖的发现有三方面的意义：一是这批画像砖的时代特点鲜明；二是出土在江南地区，具有浓郁的地方特色；三是对研究这段时期的绘画、建筑、丧葬、宗教、服饰艺术等提供了宝贵资料，是难得的艺术珍品。

玉器和画像砖是常州博物馆的颇具特色的藏品。我们以其中的亮点——良渚文化玉器和南朝画像砖为重点，编辑成册，以满足文物爱好者的需求，并以之庆贺常州博物馆50华诞。

玉

哭

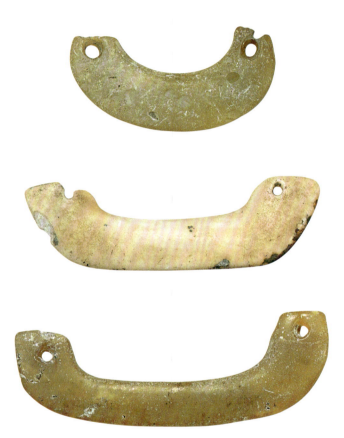

玉璜

Jade Huang Semi-annular Pendants

新石器时代马家浜文化（前4500～前3900年）

Neolithic Majiabang culture (4500BC–3900BC)

长5.3厘米

1985年江苏常州圩墩遗址出土

◎褐色，器呈半环形，顶端左右各钻一小孔，可以穿绳悬挂。一边小孔斜上方有一缺口（上）。

长7.9厘米

1985年江苏常州圩墩遗址出土

◎乳白略带黄褐色，器呈桥形，顶端左右各钻一小孔。一边小孔已经磨穿（中）。

长8.5厘米

1985年江苏常州圩墩遗址出土

◎褐色，器呈桥形，顶端左右各钻一小孔（下）。

玉器

玉玦

Jade Jue Penannular Ornaments

新石器时代马家浜文化（前4500~前3900年）

Neolithic Majiabang culture (4500BC–3900BC)

直径2.7厘米

1974年江苏常州圩墩遗址出土

◎淡褐色，圆环形，顶部有缺口，可夹于耳垂作装饰物
（上1）。

直径3.2厘米

1979年江苏常州圩墩遗址出土

◎浅褐色，不规则圆环形，顶部有缺口（上2）。

直径3.7厘米

1972年江苏常州圩墩遗址出土

◎白色，圆环形，顶部有缺口（上3）。

直径5厘米

1979年江苏常州圩墩遗址出土

◎浅褐色，圆环形，顶部有缺口（下）。

玉玦

Jade *Jue* Penannular Ornaments

新石器时代马家浜文化（前4500～前3900年）

Neolithic Majiabang culture (4500BC–3900BC)

直径2.1厘米

1979年江苏常州圩墩遗址出土

◎淡褐色，圆管形，顶部有缺口，可夹于耳垂作为装饰物（上1）。

直径1.5厘米

1979年江苏常州圩墩遗址出土

◎淡褐色，不规则圆管形，顶部有缺口（上2）。

直径1.6厘米

1979年江苏常州圩墩遗址出土

◎青灰色，圆管形，顶部有缺口（上3）。

直径1.6厘米

1979年江苏常州圩墩遗址出土

◎青灰色，圆管形，顶部有缺口（下）。

玉镯

Jade Bracelet

新石器时代马家浜文化（前4500～前3900年）

Neolithic Majiabang culture (4500BC–3900BC)

外径8.5厘米　内径6.5厘米　厚0.2～0.5厘米

◎黛青色，有灰白斑，器表光洁。外壁凸圆、至缘边呈尖状，内壁略平直。

玉 器

玉璜

Jade *Huang* Semi-annular Pendant

新石器时代崧泽文化（前3900～前3300年）

Neolithic Songze culture (3900BC–3300BC)

直径13.8厘米　厚0.2厘米

2003年江苏常州新岗遗址出土

◎青绿色，因受沁而部分呈白色。器呈扇形，顶端左右各钻一小孔，可以穿绳悬挂。

玉钺

Jade *Yue* Battle-Axe

新石器时代崧泽文化（前3900～前3300年）

Neolithic Songze culture (3900BC-3300BC)

长20厘米　宽8.4厘米　厚1厘米　孔径1.6厘米

2002年江苏常州新岗遗址出土

◎灰白色，有淡绿斑，扁平梯形，顶端倾斜。中上部有一
圆孔，孔壁有旋痕，系对钻而成。圆弧刃，未磨出刃口，
非实用器。

玉　器

玉环
Jade Ring
新石器时代崧泽文化（前3900～前3300年）
Neolithic Songze culture (3900BC–3300BC)

外径5.2厘米　内径3.3厘米
1985年江苏常州圩墩遗址出土
◎青黄色有白斑，器呈圆环形，内圈及外围均留有加工痕迹（左）。

外径4.9厘米　内径2.9厘米
1985年江苏常州圩墩遗址出土
◎青白色，略夹红斑，玉质通透。器呈圆环形，制作规整（右）。

玉瑗
Jade *Yuan* Large-holed *Bi* Disc
新石器时代崧泽文化（前3900～前3300年）
Neolithic Songze culture (3900BC–3300BC)
外径4.8厘米　内径2.4厘米
1985年江苏常州圩墩遗址出土

◎灰黑色有白斑，器呈圆环形，孔径恰好是环边的两倍。

玉环
Jade Ring
新石器时代崧泽文化（前3900～前3300年）
Neolithic Songze culture (3900BC–3300BC)
外径3.7厘米　内径2.3厘米
2003年江苏常州新岗遗址出土

◎黄白色有绿斑，器呈圆环形，制作规整。

玉镯
Jade Bracelet
新石器时代崧泽文化（前3900～前3300年）
Neolithic Songze culture (3900BC–3300BC)
外径9厘米　内径6厘米　厚0.2～0.6厘米
2003年江苏常州新岗遗址出土

◎灰白色，有青绿色斑，边较宽，外壁凸圆，至缘边呈尖状，内壁略平直，留有对钻痕迹。镯边有两处断痕，系旧伤。在断痕两侧各有一道磨制的凹痕，可系绳使之保持完整。

玉 器

玉串饰

A String of Jade Ornaments

新石器时代良渚文化（前3300～前2200年）

Neolithic Liangzhu culture (3300BC–2200BC)

◎周长72厘米，由68颗大小不等、颜色青白相间的玉粒组成。其中3颗呈尖锥状，较长，顶端扁平，有孔。其余的或呈管状，或呈珠状。整组可以用绳串连，作为装饰物。

兽面纹玉琮
Jade *Cong* Emblem with Animal Mask Design
新石器时代良渚文化（前3300～前2200年）
Neolithic Liangzhu culture (3300BC–2200BC)
高3.7厘米　上端射径7.2厘米　下端射径7厘米
上端孔径6.8厘米　下端孔径6.45厘米
1979年江苏常州武进区寺墩遗址出土

◎乳白色，有灰黄色斑块。形似短筒，内圆外方，上端略
大。壁薄，孔大，孔壁光洁。琮体一节，四角均为钝角，
各琢刻一组兽面纹。

玉器

人面兽面组合纹玉琮
Jade Cong Emblem with Human Face and
Animal Mask Design
新石器时代良渚文化（前3300~前2200年）
Neolithic Liangzhu culture (3300BC~2200BC)
高6.1厘米　上端射径8.2厘米　下端射径8.1厘米　孔径6.7厘米

◎乳白色，有青灰色斑块。矮方柱体，内圆外方，圆孔由两头对钻而成，孔壁光洁。分为上下两节，各琢刻上下不同的纹饰。上节为戴羽冠的人面，下节象征兽面。以繁密的卷云纹作地。该器构图复杂，雕刻精细，为玉琮中的精品。

人面兽面组合纹玉琮
Jade Cong Emblem with Human Face and Animal Mask Design
新石器时代良渚文化（前3300~前2200年）
Neolithic Liangzhu culture (3300BC-2200BC)
高6厘米　上端射径9.8厘米　下端射径9.7厘米　孔径6.8厘米

◎白色，有淡褐色斑块。矮方柱体，内圆外方，圆孔较大，内壁光洁。分上下两节，上节四角琢刻戴羽冠的人面纹，下节为兽面纹。

人面纹玉琮
Jade Cong Emblem with Human Face Design
新石器时代良渚文化（前3300~前2200年）
Neolithic Liangzhu culture (3300BC-2200BC)
高5.6厘米　上端射径8.2厘米　下端射径7.8厘米　孔径5.4厘米
1973年江苏常州武进区寺墩遗址出土

◎赭青色，有沁蚀斑。矮方柱形，内圆外方，对钻圆孔，孔壁磨制光滑。琮体为一节，以转角为中线，琢刻四组简化人面纹。纹饰虽简朴，但规整清晰。

玉器

人面纹玉琮

Jade Cong Emblem with Human Face Design

新石器时代良渚文化（前3300～前2200年）

Neolithic Liangzhu culture (3300BC–2200BC)

高9厘米　上端射径10.2厘米　下端射径10.4厘米

上端孔径5.2厘米　下端孔径4.9厘米

1978年江苏常州武进区寺墩遗址出土

◎黛青色，有灰褐色斑点。扁方柱体，内圆外方，中间穿
孔。两头对钻，留有错位台痕。四角分为两节，每节以边
角为中线，刻四组简化人面纹。全器共饰八组，纹饰规
整、精细。

人面纹玉琮

Jade Cong Emblem with Human Face Design

新石器时代良渚文化（前3300～前2200年）

Neolithic Liangzhu culture (3300BC–2200BC)

高7.89厘米　上端射径17厘米　下端射径16.7厘米

上端孔径5.8厘米　下端孔径5.7厘米

1978年江苏常州武进区寺墩遗址出土

◎黑褐色，有青斑。扁方柱体，器形粗矮厚重。内圆外
方，上大下小。中间有对钻圆孔，上下两端的射面凸起，
俯视如璧形。器壁分为两节，每节以边角为中线，琢刻四
组简化人面纹。全器四角上下共饰八组图案。

玉器

人面纹玉琮
Jade Cong Emblem with Human Face Design

新石器时代良渚文化（前3300～前2200年）
Neolithic Liangzhu culture (3300BC–2200BC)

高14.6厘米　上端射径7.1厘米　下端射径6.6厘米
上端孔径5.1厘米　下端孔径4.9厘米
1973年江苏常州武进区寺墩遗址出土

◎褐绿色，有赭红斑。长方柱体，内圆外方，中孔对钻而
成。器壁分为五节，每节以四角为中线，各琢刻四组简化
人面纹，全器纹饰共有二十组。

人面纹玉琮
Jade *Cong* Emblem with Human Face Design
新石器时代良渚文化（前3300—前2200年）
Neolithic Liangzhu culture (3300BC–2200BC)
高20.3厘米　上端射径7.5厘米　下端射径7.3厘米　孔径5.8厘米
1978年江苏常州武进区寺墩遗址出土

◎灰褐色，有灰、白色筋条。长方柱形，中有圆孔，内圆外方。圆孔对钻而成，孔内光滑。器表分为六节，每节以四角为中线，雕刻简化人面纹。全器上下共有二十四组纹饰。

玉　器

人面纹玉琮
Jade *Cong* Emblem with Human Face Design
新石器时代良渚文化（前3300～前2200年）
Neolithic Liangzhu culture (3300BC-2200BC)
高31.8厘米　上端射径7厘米　下端射径6.3厘米
上端孔径4.5厘米　下端孔径4.7厘米
1973年江苏常州武进区寺墩遗址出土

◎墨绿色，有褐斑。长方柱形，内圆外方，圆孔对钻而
　成。外表分为十二节，每节以四角为中线，刻四组简化人
　面纹，全器共四十八组纹饰。其中一面上部有两道切割痕。

人面纹玉琮
Jade Cong Emblem with Human Face Design

新石器时代良渚文化（前3300～前2200年）
Neolithic Liangzhu culture (3300BC-2200BC)

高14.3厘米　上端射径7厘米　下端射径6.1厘米
上端孔径4.8厘米　下端孔径4.4厘米
1973年江苏常州武进区寺墩遗址出土

◎褐绿色，有灰黑色斑。长方柱形，内圆外方，上大下
小，对钻孔，内壁有钻孔痕。外表分为五节，每节以四角
为中线，饰简化人面纹。纹饰由两条平行凸横棱、双重圆
圈、凸横档构成，表示羽冠、眼睛和鼻子。

玉器

人面纹玉琮
Jade *Cong* Emblem with Human Face Design

新石器时代良渚文化（前3300～前2200年）
Neolithic Liangzhu culture (3300BC–2200BC)
高4.6厘米　上端射径6.7厘米　下端射径6.4厘米
上端孔径5厘米　下端孔径4.7厘米
1977年江苏常州武进区寺墩遗址征集

◎灰青色，有沁蚀点。矮方柱形，内圆外方，上大下小、
对钻孔，内壁磨光规整，器表分为两节，每节以四角为中
线，饰简化人面纹。纹饰由两条平行凸横棱、双重圆圈、
凸横档构成，表示羽冠、眼睛和鼻子。

玉璧
Jade *Bi* Disc

新石器时代良渚文化（前3300~前2200年）
Neolithic Liangzhu culture (3300BC–2200BC)
直径30.3厘米　孔径5.6厘米　厚2.1厘米
1985年江苏常州武进区寺墩遗址出土

◎灰黄色，有灰绿色斑点。扁平圆形，中有对钻圆孔，孔壁
内有一周凸棱。璧身厚重，体形大，属玉璧中罕见的大件。

玉器

玉璧

Jade Bi disc

新石器时代良渚文化（前3300~前2200年）

Neolithic Liangzhu culture (3300BC–2200BC)

直径15.1厘米　孔径5.4厘米　厚1.1~1.5厘米

◎灰白色，有铁锈红色和青灰色斑块。素面，琢磨光滑，
形制规整，但厚薄不匀，留有一条切锯时遗留的弧线痕，
圆孔系对钻而成。

半剖玉璧

Jade Semi-*bi*-disc

新石器时代良渚文化（前3300～前2200年）

Neolithic Liangzhu culture (3300BC–2200BC)

直径19.2厘米　孔径4～4.47厘米　厚1厘米

切割处直径18.8厘米

1978年江苏常州武进区寺墩遗址出土

◎灰青色，正面有褐黄色斑块，背面有黑褐斑。为玉璧成品的半剖，切割处位于圆孔之外，断面留有明显的台阶痕，可断定用平刃工具从两面线切割而成。两面孔径大小不一，孔壁光滑。这是观察良渚玉璧制作工艺的一件珍贵标本。

玉　器

双孔玉刀
Double-perforation Jade Knife
新石器时代良渚文化（前3300～前2200年）
Neolithic Liangzhu culture (3300BC–2200BC)
高6.8厘米　背宽12.5厘米　刃宽13.5厘米　厚0.5厘米
1977年江苏常州武进区寺墩遗址出土

◎淡黄色，有褐斑。造型近长方形，刀中部有两个并列的
对钻小圆孔，孔径1.2厘米。平刃为两面对磨，刃口不锋
利，非实用器。全器磨制精致，表面光滑。

玉钺

Jade Yue Battle-axe

新石器时代良渚文化（前3300～前2200年）

Neolithic Liangzhu culture (3300BC–2200BC)

高18.9厘米　刃宽13.7厘米　厚0.5厘米

1994年江苏常州武进区寺墩遗址出土

◎青白色，隐现绿斑。扁平梯形，上部有一圆孔，顶部还有一个半圆孔，孔壁有旋痕，均系对钻而成。圆弧刃，未磨出刃口，此非实用器。

玉　器

锥形玉饰
Awl-shaped Jade Ornament

新石器时代良渚文化（前3300～前2200年）

Neolithic Liangzhu culture (3300BC–2200BC)

长4.9厘米　宽1.2厘米

◎乳白色，带黄绿斑。方锥形，上端钝尖，下端有榫，榫上对钻小孔。器身以每两面之间的棱线为中轴，刻一组兽面纹。全器共有两组纹饰。

玉镯
Jade Bracelet

新石器时代良渚文化（前3300～前2200年）

Neolithic Liangzhu culture (3300BC–2200BC)

外径7.1厘米　内径6.5厘米　厚2.9厘米

◎青灰色，略带黄斑。圆筒形，孔壁打磨光滑，外壁略凹弧，素面无纹。全器造型规整，通体精磨抛光。

锥形玉器

Awl-shaped Jade Object

新石器时代良渚文化（前3300~前2200年）

Neolithic Liangzhu culture (3300BC–2200BC)

长12.4厘米

1979年江苏常州武进区寺墩遗址出土

◎白色，长圆锥形，一端尖锐，另一端有小凸榫。器表琢磨光洁，制作精细。

玉镯

Jade Bracelet

新石器时代良渚文化（前3300～前2200年）

Neolithic Liangzhu culture (3300BC-2200BC)

外径9.4厘米　内径8.4厘米　厚2.5厘米

1978年江苏常州武进区寺墩遗址出土

◎白色，有灰青色斑。矮圆筒形，内壁微弧，外壁平直，
器表光洁。

玉韘
Jade Thumb-ring
汉（前206～220年）
Han period (206BC–AD220)
长4.4厘米　宽3.2厘米　厚0.7厘米
1982年江苏常州清潭体育场出土

◎象牙黄色，受沁而不润泽，制作规整。正、反面均有阴
线刻纹，为尖头如意纹、回纹，刻纹随意而流畅。

玉 器

蝉形玉琀
Cicada-shaped Jade Mouth-piece

汉（前206－220年）
Han period (206BC–AD220)
长6.4厘米 宽3厘米
1989年江苏常州溧阳旧县汉墓出土

◎红褐色，玉质润泽。为蝉形，造型古朴。两面均有雕刻，线条简洁明快，体现了典型的"汉八刀"风格。

卷云纹玉环

Jade Ring with Cloud Design

汉（前206～220年）

Han period (206BC–AD220)

外径6.2厘米　内径3厘米　厚0.4厘米

◎青灰色，因为受沁而部分呈土黄色。器呈扁平圆环形，
满饰小型卷云纹。

玉器

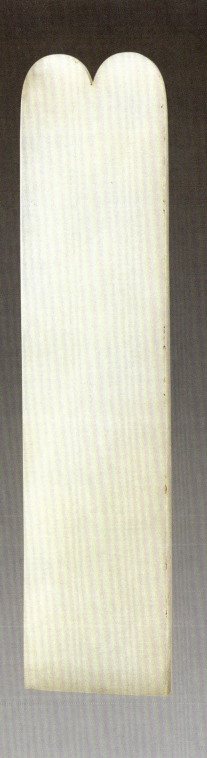

白玉圭形器
Elongated Jade Tablets

宋（960～1279年）
Song period (960–1279)
长19.4厘米　宽4.6厘米　厚0.8厘米

◎和田白玉，玉质滋润，体呈扁长形。其中一件上端圆弧，下端齐平；另一件上端凹陷，下端齐平。器表中间微凸，边缘稍薄，器背平直。

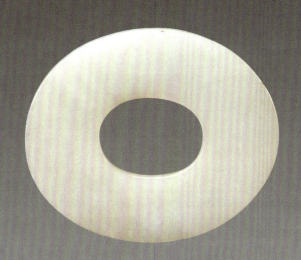

白玉环

White Jade Ring

宋（960～1279年）

Song period (960–1279)

外径6.3～7.6厘米　内径2.3～3.1厘米　厚0.3厘米

◎象牙白色，玉质滋润。器呈扁平椭圆环形，通体光素平滑。

玉器

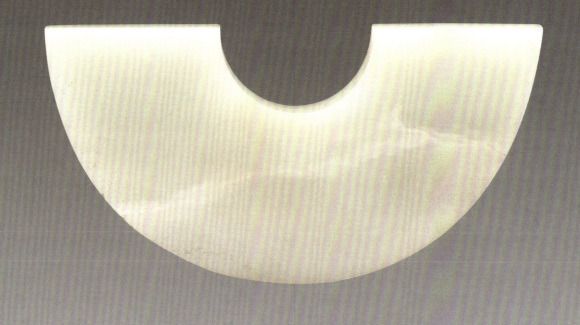

白玉半璧形器
White Jade Semi-*bi* Disc
宋（960－1279年）
Song period (960-1279)
直径24.7厘米　孔径4.5厘米　厚1厘米

◎青白色，玉质莹润。半璧形，光素无饰，制作精细，打磨光洁。有裂纹。

紫晶佛珠带
A String of Purple Quartz Buddhist Beads
宋（960～1279年）
Song period (960–1279)
大粒直径1.1厘米　小粒直径0.8厘米
1984年江苏常州清潭体育场工地征集

◎一串共85粒，其中两粒较大，其他均小，颜色淡紫。均为圆形，中间穿孔，可以系绳。

玉　器

水晶镇纸
Crystal Paperweights

南宋（1127～1279年）
Southern Song period (1127-1279)

上长6.1厘米　宽4.7厘米　厚0.9厘米　下长7.8厘米
宽5厘米　厚1厘米

1978年江苏常州武进区村前蒋塘南宋墓出土

○两件镇纸均为水晶制作，质地纯净光洁，无色透明。椭圆形，中间有一剑环形孔，琢制规整。

浮雕蟠螭纹白玉带板
White Jade Belt Plaque with Interlaced Hornless Dragon
Design in Relief
元（1271～1368年）
Yuan period (1271-1368)
长4.5厘米　宽3.3厘米　厚1厘米

◎带板以质地细润的白玉雕琢而成。作倭角长方形，器表
浮雕蟠螭纹。玉带板镶嵌在一铜带扣上。

玉　器

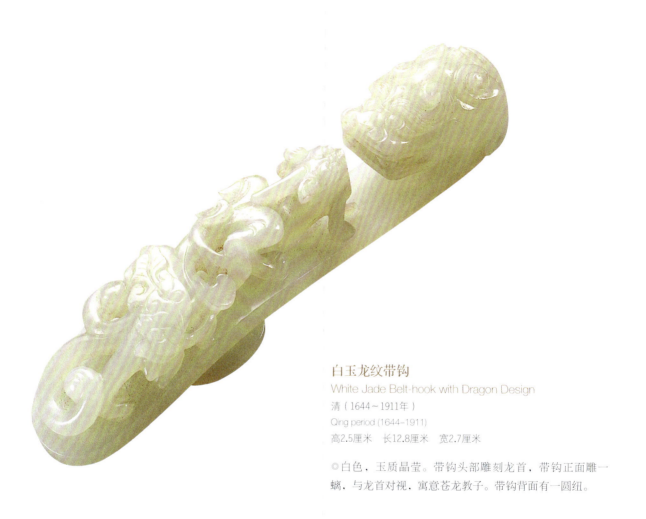

白玉龙纹带钩
White Jade Belt-hook with Dragon Design
清（1644~1911年）
Qing period (1644–1911)
高2.5厘米　长12.8厘米　宽2.7厘米

◎白色，玉质晶莹。带钩头部雕刻龙首，带钩正面雕一螭，与龙首对视，寓意苍龙教子。带钩背面有一圆纽。

玉器

透雕云龙纹玉带板
Jade Belt Plaque with Openwork Cloud and
Dragon Design

明（1368～1644年）
Ming period (1368–1644)
长10.9厘米　宽5.3厘米　厚0.7厘米

◎白色，玉质晶莹。略呈长方形，一侧呈弧形。正面浮雕
四爪龙，翻腾于云层中，云朵呈"壬"字形，龙下方雕有
水波纹。在主题纹饰之下，以透雕"亚"字形纹作底。背
面中间及弧边倭角处有斜钻小孔，可系结。

翡翠扁圆镯

Oval Jadeite Bracelet

清（1644～1911年）

Qing period (1644–1911)

外径7～7.7厘米　内径5～5.6厘米　厚0.8厘米

1968年江苏常州茶山出土

◎草青色与白色相间，青翠清朗，器表润泽光亮。镯形略椭圆，外表呈凸圆形，内壁较平直。

玉　器

翡翠翎管
Jadeite Socket for Decorative Plume
清（1644～1911年）
Qing period (1644-1911)
高7厘米　外径1.5厘米　内径0.8厘米
1968年江苏常州茶山出土

◎翠绿、灰白色相间，有光泽。圆柱形，中空。上端有宽
柄，柄上钻一透孔。

双龙戏珠玉镯

Jade Bracelets with Double Dragons Playing with a Pearl

清（1644～1911年）

Qing period (1644–1911)

外径7～7.9厘米　内径5～5.8厘米　厚0.7厘米

1968年江苏常州茶山出土

◎青白色，玉质滋润。圆形，雕刻双龙戏珠，龙首有双
角，长须飘拂。两件玉镯大小、雕饰均相同，为一副。

玉 器

画像砖

双蝴蝶髻侍女画像砖
Pictorial Brick Bearing a Maid with the Hair Worn in a
Double-butterfly Shape
南朝（420~589年）
Southern Dynasties period (420-589)
长32.2厘米　宽16.5厘米　厚3.8厘米

◎单块长方体砖，正面模印侍女人物像。头发作双蝴蝶
髻，左右高耸，脸型丰满。上身穿宽袖开襟衫，露颈、腰
间似有带钩或带纽，脚着云头履。右手持一长柄物，像是
如意或者拂尘。

画像砖

捧奁侍女画像砖
Pictorial Brick Bearing a Maid Holding a
Toilet Box in the Hand
南朝（420～589年）
Southern Dynasties period (420–589)
长32.2厘米　宽16.5厘米　厚3.8厘米

◎单块长方体砖，正面模印侍女人物像。双环发髻下垂，
面部丰满、宽额、细眉，下巴略圆，眉目清秀，但两眼半
闭。上身着开领宽袖短衫，露臂，袖口系两细带，衣外似
穿着围腰或束腰。下面长裙曳地，足着宽高云头履。侧身
向右，双手捧奁。

画像砖

双发髻侍女画像砖
Pictorial Brick Bearing a Maid with the
Hair Worn in Double Buns
南朝（420~589年）
Southern Dynasties period (420–589)
长32.2厘米　宽16.5厘米　厚3.8厘米

◎单块长方体砖，正面模印侍女人物像。头发作双蝴蝶
髻，左右高耸，脸型丰满。上身穿宽袖开襟衫，露颈，腰
间似有带钩或带组之类饰物。背略前弯，左手下垂，右手
作拈花状。

托博山炉侍女画像砖
Pictorial Brick Bearing a Maid with a
Hill Censer in the Hand
南朝（420－589年）
Southern Dynasties period (420–589)
长32.2厘米　宽16.5厘米　厚3.8厘米

◎单块长方体砖，正面模印侍女人物像。头发作双髻下
垂，脸型丰满。上身穿开领宽袖短衫，双臂向上露出，袖
口系两细带，衣外似着围腰或束腰。下面长裙曳地，足着
高云头履。左手托博山炉，炉顶立一小朱雀，右手似做舞
蹈动作，体态优雅飘逸。

画像砖

持剑武士画像砖

Pictorial Brick Bearing a Warrior with a Sword in the Hand

南朝（420～589年）

Southern Dynasties period (420-589)

长32.2厘米　宽16.5厘米　厚3.8厘米

◎单块长方体砖，正面模印男子像。男子体形纤瘦，高耸发髻，上插一簪，眉目清秀。上身着宽袖开襟衫，内衬圆领衫，露颈，下穿宽松长裤，足着云头履。一手持剑柄，剑柄垂下缨带；另一手位于剑上端，作按剑状。

画像砖

持剑武士画像砖
Pictorial Brick Bearing a Warrior with a Sword in the Hand
南朝（420～589年）
Southern Dynasties period (420–589)
长32.2厘米　宽16.5厘米　厚3.8厘米

◎单块长方体砖，正面模印男子像。男子体形纤瘦，面向朝左，高耸发髻，上插一簪，眉目清秀。上身着宽袖开襟衫，内衬圆领衫，露颈，下穿宽松长裤，足着云头履。一手持剑柄，剑柄垂下缨带；另一手位于剑上端，作按剑状。

飞仙纹砖
Flying Immortal Design Bricks
南朝（420～589年）
Southern Dynasties period (420–589)
高17厘米　宽21.5厘米　长34厘米

◎由四块并列的长方体砖的侧面分段模印组合而成，为神
话中的飞仙图案。头戴冠饰，脸部丰满，手捧葫芦形净
瓶。冠饰和衣服的飘带似随风摇摆，体态婀娜飘逸。

画像砖

飞仙纹砖
Flying Immortal Design Bricks
南朝（420~589年）
Southern Dynasties period (420–589)
高17厘米　宽21.5厘米　长34厘米

◎由四块并列的长方体砖的侧面分段模印组合而成，为神话中的飞仙图案。头戴冠饰，脸部丰满，手捧葫芦形净瓶。冠饰和衣服的飘带似随风摇摆，体态婀娜飘逸。

龙纹砖

Dragon Design Bricks

南朝（420～589年）

Southern Dynasties period (420–589)

高16.5厘米　宽35.2厘米　长34厘米

◎这是由七块并列的长方体砖的侧面分段模印组合而成，为飞龙图案。龙昂首，头生双角，大张口，细长颈，身体弯曲，尾端上扬。身躯四肢雄健有力，作凌空腾飞状，展示出与众不同的气势。

画像砖

虎纹砖
Tiger Design Bricks
南朝（420～589年）
Southern Dynasties period (420–589)
高16.5厘米　宽35.2厘米　长34厘米

◎由七块并列的长方体砖的侧面分段模印组合而成，为猛虎图案。虎昂首、大张口、细长颈、身体弯曲、尾端上扬、身躯四肢雄健有力。既具有浓厚的装饰意味，又透出山林兽王的威武之态。

凰纹砖
Male Phoenix Design Bricks
南朝（420～589年）
Southern Dynasties period (420-589)
高16.5厘米　宽16.2厘米　长34厘米

◎由三块并列的长方体砖的侧面分段模印组合而成，为凰图案。喙微张，细长颈，两翼张开，长尾上扬，呈圆弧形。双爪前后错开，作凌空飞翔状。姿态优美，栩栩如生。

画像砖

凤纹砖
Female Phoenix Design Bricks
南朝（420－589年）
Southern Dynasties period (420–589)
高16.5厘米　宽16.2厘米　长34厘米

◎由三块并列的长方体砖的侧面分段模印组合而成，为凤的图案。头顶有冠，喙紧闭，细长颈，两翼张开，长尾上扬，呈圆弧形。双爪前后错开，作凌空飞翔状。姿态优美，栩栩如生。

辟邪纹砖
Bixie Fantastic Animal Design Bricks
南朝（420～589年）
Southern Dynasties period (420~589)
高16.8厘米　宽21.5厘米　长34厘米

○由四块并列的长方体砖的侧面分段模印组合而成，为辟邪图案。体态似鹿，而头有独角。长尾上扬，四蹄腾空，作凌空腾飞状。辟邪与天禄通常组合出现，既有祈护祠墓之意，亦作为升仙之座骑。

画像砖

天禄纹砖
Tianlu Fantastic Animal Design Bricks
南朝（420~589年）
Southern Dynasties period (420–589)
高16.8厘米　宽21.5厘米　长34厘米

◎ 由四块并列的长方体砖的侧面分段模印组合而成，为天
禄图案。体态似鹿，而头有二角。长尾上扬，四蹄腾空，
作凌空腾飞状。天禄与天命、禄位有关，从汉代起即作为
镇墓兽使用。

"千秋万岁"人首鸟身纹砖

Bricks with the Inscription "Qian QIU Wan Sui 千秋万岁"
(Longevity) and Human-headed Bird Design

南朝（420～589年）

Southern Dynasties period (420–589)

高16.8厘米　宽15.5厘米　长34厘米

◎由三块并列的长方体砖的侧面分段模印组合而成，为神
话中的瑞兽图案，是镇墓兽"千秋万岁"的另一种形态。
人首，鸟身，身着开襟衫，束腰，两翼张开，长尾上扬呈
圆弧形，双爪并列，作欲振翅高飞状。

画像砖

"千秋万岁" 兽首鸟身纹砖

Bricks with the Inscrption "Qian Qiu Wan Sui 千秋万岁"
(Longevity) and Animel-headed Bird Design

南朝（420~589年）

Southern Dynasties period (420–589)

高16.8厘米　宽15.5厘米　长34厘米

◎由三块并列的长方体砖的侧面分段模印组合而成，为神
话中的瑞兽图案，是镇墓兽"千秋万岁"的一种形态。兽
首，鸟身，两翼张开，长尾上扬呈圆弧形，双爪并列，作欲
振翅高飞状。"千秋万岁"即是"千岁鸟"、"万岁禽"的
合称，是传说中的长寿神鸟，通常被作为镇墓兽使用。

狮纹砖
Lion Design Bricks
南朝（420～589年）
Southern Dynasties period (420–589)
高17厘米　宽21.5厘米　长34厘米

◎由四块并列的长方体砖的侧面分段模印组合而成，为狮子图案。狮子体格雄健，大张口，前爪抬起，后腿蹲踞，尾巴长而上扬，作回首怒吼状。造型夸张，生动传神。

画像砖

忍冬纹砖
Acanthus Design Bricks
南朝（420~589年）
Southern Dynasties period (420-589)
高16.8厘米　宽15.2厘米　长34厘米

◎由三块并列的长方体砖的侧面分段模印组合而成，为一组金银花图案。金银花又称"银花"、"双花"，是忍冬科植物忍冬的干燥花蕾或初开的花。四朵花蕊互相牵连，围簇着中心的果实，整组图案写实中略带抽象，生动富有活力。整组图案凸浮于砖面之上。

圆环莲心纹砖
Lotus-flower Rosette Bricks
南朝（420～589年）
Southern Dynasties period (420–589)
高15.8厘米　宽14.6厘米　残长18厘米

◎由三块并列的长方体砖的侧面分段模印组合而成，为一
组花卉图案。中间似是莲心与菱角叶组成的纹饰，中心为
一枚菱角。最外面是一个圆圈，把整组图案包围其中。在
第一和第三块砖的左上角及右下角，均有花瓣形纹饰。

画像砖

中心莲花纹砖
Bricks with Lotus-flower Design in the Center
南朝（420～589年）
Southern Dynasties period (420–589)
高16.厘米　宽15.2厘米　长34厘米

◎由三块并列的长方体砖的侧面分段模印组合而成，为一组花卉组合图案。中间是莲花纹，包含有七枚莲子。莲花外围以一周香草图案作为点缀，最外面是一个圆圈，把整组图案包围其中。

画像砖

圆形莲花纹砖

Round Lotus-flower Design Bricks

南朝（420~589年）

Southern Dynasties period (420-589)

高16.8厘米　宽15.2厘米　长34厘米

◎由三块并列的长方体砖的侧面分段模印组合而成，为一组花卉组合图案。中间是莲花纹，包含有七枚莲子。莲花外围有一周花蕊图案作为点缀。

卷叶莲心花纹砖

Bricks with Lotus-flower Design Surrounded by Scrolls

南朝（420～589年）

Southern Dynasties period (420–589)

高16.8厘米　宽15.2厘米　长34厘米

◎由三块并列的长方体砖的侧面分段模印组合而成，为一
组花卉组合图案。中间是莲心纹饰，包含有七枚莲子，莲
花外围有八朵卷叶花卉，均匀排列。最外面是一个圆圈，
把整组图案围绕其中。

画像砖

莲花纹砖
Lotus -flower Design Bricks
南朝（420～589年）
Southern Dynasties period (420–589)
高15.6厘米　宽15.6厘米　残长19厘米

◎由三块并列的长方体砖的侧面分段模印组合而成，为一组十二瓣莲花图案。花朵绽放，花瓣饱满圆润，中间包含有七枚莲子。莲花外围有一周花蕊图案作为点缀。造型朴实，生动形象。

画像砖

魁头等物画像砖
Evil Spirit Exorcising Mask and Auspicious
Animal Design Brick

南朝（420～589年）
Southern Dynasties period (420–589)

长32.2厘米　宽16.8厘米　厚4.2厘米

◎单块长方体砖，正面模印一组瑞兽组合图案。最上层是带双翼的飞兽纹，中间是简化的虎纹，最下层则是魁头纹。所谓"魁头"，即是古时打鬼驱疫时扮神者所戴的面具，宋代丧礼亦用之。三块图案之间以横线相隔，整组图案凸浮于砖面之上。

花叶纹砖
Flower and leaf Design Brick
南朝（420～589年）
Southern Dynasties period (420–589)
长32.2厘米 宽16.8厘米 厚4.2厘米

◎单块长方体砖，正面模印一组花卉组合图案。上层是稻穗及香草的组合图案，下层是卷叶花卉图案，两块图案左右各有竖排的缠枝花卉纹，上下图案之间亦是缠枝花卉纹相隔。最外面有一圈长方框，把整组图案包围其中。

画像砖

莲草纹砖
Lotus and Herb Design Brick
南朝（420～589年）
Southern Dynasties period (420-589)
长32.2厘米　宽16.8厘米　厚4.2厘米

◎单块长方体砖，正面模印一组抽象的花卉组合图案。图案中下部为莲花底座，底座上有数棵香草，围簇着中心的花蕊，做迎风摇摆状。底座下是三朵卷叶花卉，分散排列。最外面有一圈长方形，把整组图案包围其中。

卷草纹砖
Scroll Design Brick
南朝（420－589年）
Southern Dynasties period (420–589)
长33.8厘米　宽16厘米　厚5厘米

◎单块长方体砖，侧面模印一组抽象的卷草图案。图案上有规律的凹点纹，两组图案之间有圆形凹印作为连接，图案左右顶头又各有一个半圆形凹印。使用时多块拼接，形成连续重复的组合纹饰。

画像砖

圆心波浪纹砖
Rosette and Wavy Pattern Brick

南朝（420～589年）
Southern Dynasties period (420–589)

长33.8厘米　宽16.5厘米　厚5厘米

◎单块长方体砖，侧面模印一组抽象图案。由圆形花卉和圆纽形图案以波浪纹串连，用圆圈纹相隔，一一相间排列。使用时多块拼接，形成连续重复的组合纹饰。

卷草纹砖
Scroll Design Bricks
南朝（420～589年）
Southern Dynasties period (420–589)

长32.2厘米　宽16.8厘米　厚2.8厘米
◎单块长方体砖，侧面模印一组组合的卷草纹图案，由四株相同的卷叶香草组成，彼此之间没有连接。使用时多块拼接，形成连续重复的组合纹饰（左）。

长32.2厘米　宽16.4厘米　厚2.8厘米
◎单块长方体砖，侧面模印一组卷叶缠枝花卉图案，是相同而又连续的组合图案。使用时多块拼接，形成连续重复的组合纹饰（右）。

画像砖

六瓣卷叶纹砖
Six-petal Flower and Scroll Design Brick
南朝（420～589年）
Southern Dynasties period (420-589)
长33.8厘米　宽16.5厘米　厚5厘米

○单块长方体砖，侧面模印一组六瓣卷叶花卉图案，由十
朵六瓣花组成。花卉之间以卷叶相连，使用时多块拼接，
形成连续重复的组合纹饰。

画像砖

斜方格网纹砖
Lozenge-net Herb Design Brick
南朝（420～589年）
Southern Dynasties period (420-589)
长33.8厘米　宽16.5厘米　厚5厘米

◎单块长方体砖，侧面模印一组菱形组合图案，排列规整，
组合有序。使用时多块拼接，形成连续重复的组合纹饰。

莲花卷叶纹砖
Lotus-flower and Scroll Design Bricks
南朝（420～589年）
Southern Dynasties period (420–589)
高16.8厘米　宽10.5厘米　长34厘米

◎由两块并列的长方体砖的侧面分段模印组合而成，为一组花卉组合图案。底部是莲花底座，底座之上是一朵大型抽象的莲花图案。左右各伸展出一朵小型莲花，顶部是五朵对称排列的卷叶花卉。

画像砖

花心卷叶纹砖
Bricks with Flower Design Surrounded by Scrolls
南朝（420～589年）
Southern Dynasties period (420–589)
高15.5厘米　宽10.2厘米　长32厘米

◎由两块并列的长方体砖的侧面分段模印组合而成，为一组花卉组合图案。上下有两朵繁复的卷叶花卉，对称排列，以细小的花蕊间隔，中心是花心纹饰。

卷叶花卉纹砖
Scroll and Flower Design Bricks
南朝（420～589年）
Southern Dynasties period (420–589)
高16.8厘米　宽15.5厘米　长34厘米

◎由两块并列的长方体砖的侧面分段模印组合而成，为一组花卉组合图案。上下两朵卷叶花卉对称排列，中间以细小的花蕊间隔。

画像砖

圆形莲草纹砖
Bricks with Lotus-flower and Herb Roundel
南朝（420～589年）
Southern Dynasties period (420–589)
高12.8厘米　宽9.4厘米　残长13.4厘米

◎由两块并列的长方体砖的侧面分段模印组合而成，为一组花卉组合图案。中间是莲花纹饰，莲花外围装饰有一周香草图案。

圆形莲花纹砖
Lotus-flower Rosette Design Bricks
南朝（420～589年）
Southern Dynasties period (420–589)
高12.8厘米　宽9.4厘米　残长10.5厘米

◎由两块并列的长方体砖的侧面分段模印组合而成，为一组花卉组合图案。中间是莲花纹饰，包含有七枚莲子，莲花外围有一周花蕊图案作为点缀。

圆形莲花纹梯形砖

Trapezoid Bricks with Lotus-flower Roundel

南朝（420－589年）

Southern Dynasties period (420–589)

高7.8～9.4厘米　宽9.2厘米　残长15厘米

◎由两块并列的梯形砖的侧面分段模印组合而成，为一组
十瓣莲花图案，花朵绽放，花瓣饱满圆润。

画像砖

圆形花草纹梯形砖

Trapezoid Bricks with Flower and Herb Roundel

南朝（420～589年）

Southern Dynasties period (420–589)

高9.8～10.5厘米　宽9厘米　残长12厘米

◎由两块并列的梯形砖的侧面分段模印组合而成，为一组花卉卷草组合图案。中间是花卉纹饰，外围有一周卷叶香草图案。

图书在版编目（CIP）数据

常州博物馆五十周年典藏丛书．玉器·画像砖卷/常州博物馆编．
—北京：文物出版社，2008.10
ISBN 978-7-5010-2534-3

Ⅰ.常... Ⅱ.常... Ⅲ.①文物−常州市−图录②古玉器−常州市
−图录③画像砖−常州市−图录　Ⅳ.K872.533.2

中国版本图书馆CIP数据核字（2008）第116186号

常州博物馆50
玉器·画像砖　周年 典藏丛书

题　　字	张怀西
摄　　影	孙之常
英文翻译	莫润先
书籍设计	顾咏梅　孙叶东
责任印制	梁秋卉
责任编辑	郑　彤

出版发行	文物出版社
网　　址	http://www.wenwu.com
E－mail	web@wenwu.com
制版印刷	北京圣彩虹制版印刷技术有限公司
经　　销	新华书店
开　　本	889×1194mm 1/16
印　　张	6
版　　次	2008年10月第1版
印　　次	2008年10月第1次印刷
定　　价	80元